OFFICES

QUI SE CHANTENT

DANS L'EGLISE PAROISSIALE

DE S. LEU-S. GILLES,

A PARIS,

LE 3 JUILLET,

Jour de la Mémoire solemnelle du Miracle
arrivé l'an 1418, dans la rue aux Ours,
à l'occasion de l'outrage fait par un Soldat
à l'Image de la sainte Vierge.

*Extraits des nouveaux Missel & Breviaire
de Paris.*

M. DCC. LXII.

PRÉFACE

Contenant le récit abrégé du Miracle arrivé l'an 1418, à Paris dans la rue aux Ours ; & des moyens que MM. les Bourgeois de cette rue ont employés pour en conserver la mémoire, & réparer l'injure faite à la sainte Vierge par le détestable & sacrilége attentat commis par un Soldat envers son Image.

LA sainte Vierge est, après Jesus-Christ, l'objet le plus tendre & le plus intéressant de la piété des Chrétiens. Tout ce qui contribue à sa gloire doit les toucher sensiblement, exciter leur zèle, & animer leur ferveur envers cette divine Mère de notre divin Sauveur. Si Jesus-Christ dit à ses Disciples : *Celui qui vous reçoit me reçoit, & celui qui vous méprise me méprise :* combien plus regarde t-il comme rendus à lui-même, les honneurs que l'on rend à sa divine Mère ; & comme retombant sur lui-même, le mépris & les injures dont on la charge.

C'est pour approuver le culte religieux que nous décernons à la sainte Vierge, que Dieu exauce souvent les prieres que nous lui adressons par son entremise & son intercession. C'est pour venger le mépris & les outrages par lesquels les impies ont osé l'attaquer, que Dieu a fait des miracles qui marquoient sa colere & son indignation.

Témoin celui qui a donné occasion à la Solemnité qui rassemble tous les ans MM. les
Bourgeois de la rue aux Ours, qui excite la
piété des Chrétiens, tant de la Ville que de
la Campagne, & les engage, par les dons
qu'ils font journellement, à entretenir, aug-
menter & perpétuer la dévotion envers la sainte
Vierge.

Nous allons le rapporter d'après deux an-
ciens Auteurs *. L'an 1418, le 3 Juillet, veille
de la Translation de S. Martin, un Soldat,
sortant d'une Taverne qui étoit en la rue aux
Ours, désespéré d'avoir perdu tout son argent
& ses habits au jeu, jurant & blasphémant le
saint Nom de Dieu, frappa avec fureur d'un
couteau une Image de la sainte Vierge, qui
étoit au coin de la même rue, proche celle
appellée la *Rue Salle-au-Comte.* Dieu permit qu'il
en sortit du sang en abondance **.

C'est en mémoire de ce Miracle, disent les
mêmes Auteurs, qu'au même lieu tous les ans
& à pareil jour, on fait un feu, qui ne fut
peut être d'abord qu'un feu de bois, mais que
le zèle des Bourgeois de la rue aux Ours avoit
converti en un feu d'artifice; ce qui a conti-
nué jusqu'en l'an 1744, temps auquel il s'est
fait un changement, qui, loin de porter at-
teinte à l'autenticité du miracle, & de rien

* Gilles Corrozet, Antiquités de Paris, *Ch.* 20, *p.* 138,
Edit. 1586. D. Jacques du Breuil, Religieux Bénédictin; Antiquités de Paris, *Liv.* 3, p 394.

** Les Ministres de la Justice en furent avertis; ce malheureux fut pris, & par Arrêt du Parlement, fut conduit au
lieu où il avoit commis cette action sacrilége & détestable.
Là, étant lié à un poteau devant l'Image, il fut frappé
d'escourgées depuis six heures du matin jusqu'au soir, en-
sorte que les entrailles lui sortoient du corps. Il eut la langue
percée d'un fer chaud, & fut ensuite jetté au feu.

diminuer de l'honneur que les Fidèles ont toujours rendu à la sainte Vierge, a servi au con-
traire à rendre le Miracle plus célébre, & le
culte de la sainte Vierge plus solemnel & plus
conforme à la piété chrétienne.

Voici quelle fut l'occasion de ce changement, & les effets qu'il a opérés. Dès 1743,
des personnes porterent leurs plaintes à M. le
Lieutenant Général de Police, au sujet du feu
d'artifice que l'on tiroit dans la rue aux Ours
le 3 Juillet, & qui, depuis un certain temps,
étoit aussi magnifique que celui que la Ville
fait exécuter la veille de saint Jean-Baptiste.
On craignit que dans un lieu aussi resserré
que l'est la rue aux Ours, un si grand feu
d'artifice ne causât quelque incendie, mal-
gré les précautions que l'on a toujours pri-
ses. Il y eut donc défense de tirer dans la
suite le Feu d'Artifice, & la Cérémonie fut
reduite à un Feu de Bois, où l'on continue
à brûler la figure du Malheureux qui a occa-
sionné le Miracle qui fait le sujet de la dévotion du 3 Juillet.

Jusqu'ici on s'étoit contenté de faire dire
des Messes basses les jours marqués dans le Calendrier qui sera placé après la Préface ; & le
jour de la Mémoire annuelle du Miracle, il
ne se faisoit aucun Office public & solemnel.
La plus grande partie des fonds étoit em-
ployée à la dépense du feu d'artifice, dépense
plus propre à satisfaire la curiosité, qu'à intéresser la piété & la dévotion. Des vues plus
pures & plus analogues à la vraie manière
d'honorer la sainte Vierge, porterent MM. les
Associés de la rue aux Ours, à demander qu'il
fût chanté le matin, le 3 Juillet, dans l'Eglise
de S. Leu, une Messe solemnelle de la sainte

Vierge, & le soir un Salut, avec Exposition &
Procession du S. Sacrement, avec station à la
Chapelle de la Vierge qui est dans ladite Eglise. Cette demande reçut un applaudissement
universel : & feu Monseigneur de Vintimille,
alors Archevêque de Paris, accorda volontiers
la permission demandée pour l'Exposition, la
Procession & la Bénédiction du Saint Sacrement le 3 Juillet de chaque année dans ladite
Eglise de S. Leu. Cette permission est datée du
26 Juin 1744.

C'est depuis cette année 1744, que l'on
chante dans ladite Eglise, le 3 Juillet à dix
heures du matin, une Messe solemnelle de la
sainte Vierge, (avant laquelle Messe on a
commencé cette année 1762, & on continue-
ra les années suivantes, de faire une Procession au-dehors de l'Eglise, avec station devant l'Image de la sainte Vierge qui est dans
la rue aux Ours au coin de la rue Salle-au-
Comte,) & le soir à six heures un Salut de la
sainte Vierge, avec Exposition & Procession du
Saint Sacrement autour de ladite Eglise en-
dedans, avec station à la Chapelle de la sainte
Vierge qui est dans cette Eglise, & le lende-
main 4 Juillet, on fait, comme on a toujours
fait, un Service solemnel pour les défunts Associés & Bienfaicteurs.

Le grand concours de Peuple qui se trouve
à ces Offices, montre évidemment combien
on est satisfait de ce changement qui tour-
ne à l'honneur de la Sainte Vierge. Il s'est
fait depuis ce temps là plusieurs nouveaux
présens. Le Tronc & la cotisation ordinai-
re des Associés fournissent tous les ans, les
fonds, non-seulement pour faire la dépense des nouveaux Offices, mais encore pour

continuer à faire dire les Messes basses que l'on avoit coutume de dire les jours marqués dans le Calendrier ; pour entretenir le grand nombre de cierges qui sont posés sur les branches de la belle grille de fer sous laquelle l'Image de la Vierge est renfermée : enfin pour subvenir aux frais qui se font à l'occasion du feu de bois qui est substitué au feu d'artifice. Le zèle des Associés les a même porté à faire des dépenses extraordinaires, celle entr'autres de trois beaux Tableaux de la façon du Peintre nommé *Cornu*, qui ont été posés l'année dernière 1761, & qui représentent très-bien l'action sacrilege & détestable du Soldat impie, sa condamnation & son supplice ; celle encore de faire imprimer ce Livre des Offices qui se chantent le jour de la Mémoire du Miracle.

Telle est en abrégé l'Histoire du Miracle que Dieu a opéré pour venger l'injure faite à la divine Mère de Jesus-Christ notre Sauveur. Tel est le récit du culte, de la vénération & de l'honneur qui en revient à la sainte Vierge. C'est ainsi que Dieu sçait tirer le bien du mal même, & faire servir à l'avantage de ses fidèles serviteurs ce que la malice & l'injustice des hommes ont inventé & exécuté pour les persécuter & leur faire outrage.

Mais ne nous bornons pas à rendre à la sainte Vierge un culte purement extérieur, il ne sçauroit lui plaire, s'il n'est l'effet de l'hommage intérieur que nous lui portons. Et en quoi consiste cet hommage intérieur ? La vraie maniere d'honorer les Saints, disent les Pères de l'Eglise, c'est d'imiter leurs vertus; c'est le moyen de les porter à s'intéresser pour nous auprès de Jesus-Christ, l'auteur de toutes les graces que les Saints, la Ste Vierge elle-même ne peuvent nous procurer par eux-mêmes. Voulons-nous donc engager la ſainte Vierge à employer pour nous le grand crédit qu'elle a auprès de Jeſus-Chriſt ſon divin Fils, travaillons à imiter ſes vertus, ſa foi, ſon humilité, ſa pureté, ſa ſoumiſſion à Dieu, & ſur-tout ſon amour ardent & perſévérant pour Jeſus-Chriſt. C'eſt-là le vrai moyen d'honorer comme il faut la ſainte Vierge, & de nous rendre dignes de ſa puiſſante protection.

CALENDRIER.

Où sont indiqués les jours auxquels on dit des Messes en l'honneur de la sainte Vierge à la Chapelle de la Vierge, dans l'Eglise de S. Leu - S. Gilles, à Paris.

JANVIER.

1. La Circoncision.

FEVRIER.

2. La Purification.

MARS.

19. S. Joseph.
20. S. Joachim.
25. L'Annonciation.

AVRIL.

Notre-Dame de Pitié.
PASQUES.

MAI.

Second Mardi de ce Mois.
Notre-Dame des Vertus.
L'ASCENSION.
LA PENTECOSTE.
28. Notre-Dame de Liesse.

JUIN.

LA FESTE DU S. SACREMENT.
Le Jour de l'Octave.

A *

JUILLET.

2. La Visitation.
3. Mémoire du Miracle. Messe solemnelle au Chœur , Salut & Procession du S. Sacrement.
4. Service solemnel pour les Trépassés.
7. Notre-Dame de Paix.
10. Notre-Dame des Miracles.
16. Notre-Dame du Mont-Carmel.
28. Sainte Anne.

AOUST.

2. Notre-Dame des Anges.
5. Notre-Dame des Neiges.
15. L'ASSOMPTION.

SEPTEMBRE.

1. S. Leu , S. Gilles.
8. La Nativité.
17. Notre-Dame de Lorette.

OCTOBRE.

2. Les SS. Anges Gardiens.
6. Notre-Dame du Rosaire.
Après le 21 , Ste Cordule.

NOVEMBRE.

1. LA TOUSSAINT.
2. Les Morts.
3. S. Marcel.
21. La Présentation.

DECEMBRE.

8. La Conception.
25. NOEL.
Il y a trois Messes,

OFFICE

POUR LE III. JUILLET,

Jour de la Mémoire solemnelle du Miracle arrivé l'an 1418, dans la rue aux Ours, à l'occasion de l'outrage fait par un Soldat à l'Image de la sainte Vierge.

A LA PROCESSION.

℟. VOus êtes bienheureuse, ô Marie, Vierge sainte, & vous êtes digne de toute louange ; * Parce que c'est de vous qu'est sorti le Soleil de justice, Jesus - Christ notre Dieu.

℟. FElix es, sacra Virgo María, & omni laude digniſſima ; * Quia ex te ortus est Sol justitiæ, Christus Deus noster.

Lorsqu'on est arrivé devant la Vierge, rue aux Ours, on y fait station en chantant l'Ant. le ℣. & l'Oraison qui suivent.

Ant. Je serai appellée bienheureuse dans la suite de tous les siécles, parce que le Tout - puissant a fait en moi de grandes choses, & son nom est saint.

Ant. Beátam me dicent omnes generatiónes, quia fecit mihi magna qui potens est, & sanctum nomen ejus.

A vj

℣. Elégit eam Dóminus,

℟. In habitatiónem sibi.

Orémus.

COncéde, quæsumus, omnípotens Deus, ut qui beátam Fílii tui genitrícem Vírginem Maríam devóto venerámur afféctu, maternam ipsius circa nos pietátem sentiámus; Per eumdem Christum Dóminum nostrum.

℟. Amen.

℣. Le Seigneur l'a choisie,

℟. Pour en faire sa demeure.

Prions.

FAites, ô Dieu toutpuissant, qu'en honorant avec une piété tendre la bienheureuse Vierge Marie, Mere de votre Fils, nous ressentions les effets de la tendresse maternelle qu'elle a pour nous; Nous vous en prions par le même Jesus-Christ notre Seigneur.

℟. Amen.

On continue ensuite la Procession par la rue Salleau-Comte, en chantant le reste du ℟. *Felix.*

℣. Ora pro pópulo, intérveni pro Clero, intercéde pro devóto fœmineo sexu; séntiant tuum juvámen, quicùmque célebrant tuam sanctam Solemnitátem: *Quia ex te ortus est Sol justítiæ Christus Deus nóster. Glória. * Quia.

℣. Magna est glória ejus,

℟. In salutári tuo.

℣. Priez pour le peuple, intercédez pour le Clergé & pour les femmes consacrées à Dieu; que tous ceux qui célébrent cette sainte Solemnité instituée en votre honneur, éprouvent votre assistance: * Parce que c'est de vous qu'est sorti le Soleil de justice J. C. notre Dieu. Gloire. * Parce.

℣. Sa gloire est grande,

℟. A cause du salut que vous lui avez accordé.

Prions.	Orémus.
O Dieu, qui par l'enfantement de la bienheureuse Vierge Marie, avez daigné racheter le genre - humain : bénissez & protégez par son intercession, vos serviteurs assemblés pour célébrer cette Solemnité établie en son honneur ; afin que nous remportions le prix des joies spirituelles & des récompenses célestes pendant toute l'éternité ; Par le même Jésus-Christ notre Seigneur.	DEus, qui per beátæ Maríæ Vírginis partum, genus humánum redímere dignátus es : ejus nos intercessióne bénedic & prótege ; ut qui ad ejus celebrandam Solemnitatem convénimus, spirituálium gaudiórum & æternórum præmiórum múnera reportémus ; Per eumdem Christum Dóminum nostrum.
℟. Amen.	℟. Amen.

A LA MESSE.

INTROÏT. *S. Luc.* 1. *Pf.* 97.

LE Seigneur a regardé la bassesse de sa servante : c'est là ce qui me fera désormais appeller bienheureuse dans la suite de tous les siécles. *Pf.* Chantez au Seigneur un cantique nouveau, parce qu'il a fait des prodiges. Gloire au Pere. Le Seigneur.

REspexit Dóminus humilitátem ancillæ suæ : ecce ex hoc beátam me dicent omnes generatiónes. *Pf.* Cantáte Dómino cánticum novum ; * quia mirabília fecit Glória Patri. Respexit.

COLLECTE.

COncéde nos fámulos, quæsumus, Dómine Deus, perpétuâ mentis & córporis sanitáte gaudére, & gloriósâ beátæ Maríæ semper Virginis intercessióne, à præsenti liberári tristítiâ, & ætérnâ pérfrui lætítiâ; Per Dóminum nostrum Jesum Christum Fílium tuum, qui tecum vivit & regnat in unitáte Spíritûs Sancti Deus, per ómnia sécula seculórum.

℟. Amen.

DAignez, Seigneur, accorder à vos serviteurs la santé de l'ame & du corps; & faites par l'intercession de la bienheureuse Marie toujours Vierge, que nous soyons délivrés des maux de la vie présente, & que nous jouissions dans le Ciel de la félicité éternelle : Nous vous en supplions par notre Seigneur Jesus-Christ, qui vit & régne avec vous en l'unité du Saint-Esprit, dans tous les siécles des siécles.

℟. Amen.

EPÎTRE.

Lectio Epístolæ beáti Pauli ad Gálatas.

FRatres; cùm essémus párvuli, sub elementis mundi erámus serviéntes. At ubi venit plenitúdo témporis, misit Deus Fílium suum factum ex muliére, factum sub lege; ut eos qui sub lege erant redímeret, ut adoptiónem filiórum recipe-

Lecture de l'Epître de S. Paul aux Galates. *c.* 4.

MEs Freres; lorsque nous étions encore enfans, nous étions assujettis aux premières instructions que Dieu a données au monde. Mais lorsque les temps ont été accomplis, Dieu a envoyé son Fils formé d'une femme & assujetti à la loi pour racheter ceux qui étoient sous la loi; afin que nous devinssions des enfans d'adoption. Et parce que vous êtes enfans, Dieu a envoyé dans vos cœurs l'Esprit de son Fils qui crie : Mon Pere, mon Pere.

rémus. Quóniam autem estis filii, misit Deus Spíritum Fílii sui in corda vestra clamantem : Abba, Pater.

GRADUEL. *S. Luc.* 1.

Le Tout puissant a fait en moi de grandes choses, & son nom est saint. ℣. Sa miséricorde se répand de race en race sur ceux qui le craignent.

Fecit mihi magna qui potens est, & sanctum nomen ejus. ℣. Et misericórdia ejus à progénie in progénies timéntibus eum.

Allelúia, allelúia.

℣. Vous êtes bénie entre les femmes, & le fruit de votre ventre est béni. Alleluia. *Luc.* 1.

℣. Benedícta tu in muliéribus, & benedíctus fructus ventris tui. Allelúia.

PROSE.

NOus vous saluons, ô Vierge des Vierges, l'espérance du salut des hommes, la douce Mere de la grace.

Nous vous saluons, astre brillant, qui êtes la gloire & l'ornement de toute la milice céleste.

Illustre Consolatrice, venez à notre secours, &

AVe, Virgo Vírginum, Spes salútis hóminum, Mater alma grátiæ.

AVE sidus rútilum; Laus & decus órdinum Cœlestis milítiæ. CONSOLATRIX ínclyta.

Opem fer & vísita
Certantes in ácie.
　Nos rege , nos íncita ,
Nos fove , nos éxcita
De lacu misériæ.
　Ave , Jeſſe vírgula ,
Roſa veris prímula ,
Tota ſine cárie.

Peccatórum víncula
Solve prece ſédula
Præſentis famíliæ.

Plena Virgo grátiâ ,
Reple cordis íntima ,
Cœleſti tempérie.
　O lux beatíſſima ,
Eſto nobis lúcida
Fulgens ſole glóriæ.

Qui nos jungat súperis
Dans nobis in déxteris ,
Poſt ſpem frui spécie.

visitez ceux qui ſont dans le combat.
　Conduiſez-nous , excitez-nous , protégez-nous , faites-nous ſortir de l'abime de la miſere.

　Nous vous ſaluons , ô rejettons de Jeſſé , roſe naiſſante du printems , qui êtes exempte de toute corruption.
　Déliez par le ſecours continuel de votre priére , les liens des péchés qui retiennent l'aſſemblée qui vous invoque préſentement.
　Vierge pleine de grace , obtenez-nous d'avoir le cœur tout pénétré de la roſée céleſte de la grace.

　O lumiére très - heureuſe , brillez toujours pour nous ; vous dont la clarté prend ſa ſource dans le Soleil de gloire.
　Que ce Soleil de gloire , qui eſt Jeſus - Chriſt votre Fils , nous mette au nombre des Saints ; & que nous plaçant à ſa droite , il couronne notre eſpérance par ſa claire jouiſſance de lui-même.

Vierge , Mere de la grace , vous êtes connue pour être pleine de bonté, ayez compassion de notre misere.
Amen.

Tu benigna díceris ,
Miserére míseris ,
Virgo mater grátiæ.
Amen.

EVANGILE.

Suite du saint Evangile selon S. Luc. *c.* 11.

Sequéntia sancti Evangélii secundùm Lucam.

EN ce temps-là ; Jesus parloit à un grand nombre de personnes , lorsqu'une femme élevant sa voix au milieu du peuple , lui dit : Heureuses les entrailles qui vous ont porté, & les mammelles qui vous ont alaité. Jesus leur dit : Mais plutôt heureux ceux qui entendent la parole de Dieu, & qui la pratiquent.

IN illo témpore : loquente Jesu ad turbas , extollens vocem quædam múlier de turba , dixit illi : Beátus venter qui te portávit , & úbera quæ suxísti ! At ille dixit : Quin immò , beáti qui áudiunt verbum Dei , & custódiunt illud.

On dit Credo.

OFFERTOIRE. *Ps.* 44.

Les filles de Tyr viendront avec leurs présens : tous les riches d'entre les peuples vous adresseront leurs prieres.

Filiæ Tyri in munéribus : vultum tuum deprecabuntur omnes dívites plebis.

SECRETE.

FAites, Seigneur, par votre miséricorde & par l'intercession de la

TUâ , Dómine , propitiatióne, & beátæ Mariæ semper

Vírginis intercessióne, ad perpétuam atque præsentem hæc oblátio nobis profíciat prosperitátem & pacem ; Per Dóminum nostrum Jesum Christum, qui tecum vivit & regnat.

bienheureuse Marie toujours Vierge, que cette oblation nous serve pour obtenir la paix en cette vie, & la gloire éternelle en l'autre ; Par notre Seigneur Jesus-Christ votre Fils, qui étant Dieu vit & regne.

PRÉFACE.

PEr ómnia sécula seculórum.

℞. Amen.

Dóminus vobiscum,

℞. Et cum spíritu tuo.

Surfum corda.

℞. Habémus ad Dóminum.

Grátias agámus Dómino Deo nostro.

℞. Dignum & justum est.

Verè dignum & justum est, æquum & salutáre, nos tibi semper & ubíque grátias ágere, Dómine sancte, Pater omnípotens, æterne Deus : & te in veneratióne beátæ Maríæ semper Virginis collaudáre, benedícere & prædicáre ; quæ & Unigé-

DAns tous les siécles des siécles.

℞. Ainsi soit-il.

Le Seigneur soit avec vous,

℞. Et avec votre esprit.

Elevez vos cœurs.

℞. Nous les tenons élevés vers le Seigneur.

Rendons graces au Seigneur notre Dieu.

℞. Il est juste & raisonnable.

Il est véritablement juste & raisonnable, il est équitable & salutaire, de vous rendre graces en tout temps & en tout lieu, Seigneur très-saint, Pere tout-puissant, Dieu éternel : de vous louer, vous bénir, & vous glorifier en honorant la bienheureuse Marie toujours Vierge, qui après avoir conçu vôtre Fils unique par l'opération du Saint-Esprit, a mis au monde, en conservant toujours sa virginité pure & sans tache, la lumière éternelle, Jesus - Christ notre Seigneur : c'est par lui que les Anges louent votre majesté suprême, que les Dominations l'adorent, que les Puissances la craignent & la réverent, que les Cieux, les Vertus des Cieux, & la troupe bienheureuse des Séraphins célébrent ensemble votre gloire dans les transports d'une sainte joie. Faites, Seigneur, que nous réunissions nos voix à celles de ces Esprits bienheureux, pour chanter sans cesse avec eux :

Saint, Saint, Saint, est le Seigneur le Dieu des armées. Votre gloire remplit les cieux & la terre. Hosanna au plus haut des cieux. Béni soit celui qui vient au nom du Seigneur. Hosanna à celui qui habite au plus haut des cieux.

nitum tuum Sancti Spiritûs obumbratióne concépit, & virginitátis gloriâ permanente, lumen æternum mundo effúdit, Jesum Christum Dóminum nostrum ; Per quem majestátem tuam laudant Angeli, adórat Dominatiónes, tremunt Potestátes : Cœli Cœlorumque Virtútes, ac beáta Séraphim, sóciâ exultatióne concélebrant. Cum quibus & nostras voces ut admitti júbeas deprecámur, súpplici confessióne dicentes :

Sanctus, Sanctus, Sanctus, Dóminus Deus Sábaoth. Pleni sunt cœli & terra glóriâ tuâ. Hosanna in excelsis. Benedíctus qui venit in nómine Dómini. Hosanna in excelsis.

COMMUNION. *Eccli.* 24.

Celui qui m'a créée, a

Qui creávit me, re-

quiévit in tabernácu-
lo meo.

repofé dans mon taber-
nacle.

On dit enfuite trois fois :

Dómine , falvum
fac Regem; & exaudi
nos in die quâ invo-
cavérimus te.

Seigneur , fauvez le
Roi,& daignez nous exau-
cer au jour que nous vous
invoquerons.

POSTCOMMUNION.

SUmptis , Dómi-
ne , falútis noftræ
fubsídiis ; da , quæ-
fumus , beátæ Maríæ
femper Vírginis pa-
trocíniis nos ubíque
prótegi , in cujus ve-
neratióne hæc tuæ ob-
túlimus Majeftáti.

SEigneur , qui nous
avez fait recevoir dans
ce Sacrement le gage du
falut éternel ; ne ceffez
point de nous accorder
votre protection par l'interceffion & les priéres
de la Vierge Marie , en
mémoire de laquelle nous
avons offert ce Sacrifice à
votre fouveraine Majefté.

POUR LE ROI.

QUæfumus , om-
nípotens Deus,
ut fámulus tuus Rex
nofter (N.) qui tuâ
miferatióne fufcépit
Regni gubernácula ,
virtútum étiam óm-
nium percípiat incre-
menta ; quibus de-
center ornátus , vi-
tiórum monftra devi-
táre , hoftes fuperá-
re , & ad te qui via ,

FAites , s'il vous plaît ,
Dieu tout - puiffant ,
que votre ferviteur (N.)
notre Roi , qui par votre
miféricorde , a reçu la
conduite de ce Royau-
me , reçoive auffi l'ac-
croiffement de toutes les
vertus ; afin que revêtu
de leur force , & fainte-
ment orné de leur éclat ,
il ait les vices en horreur
comme autant de mon-

ſtres ; qu'il ſoit victo-
rieux de ſes ennemis , &
qu'agréable à vos yeux
par ſes bonnes œuvres ,
il puiſſe enfin arriver juſ-
qu'à vous , qui êtes la
voie , la vérité & la vie ;
Vous qui étant Dieu , vi-
vez & régnez avec Dieu
le Pere , en l'unité du
Saint - Eſprit , dans tous
ſiécles.

Amen.

véritas & vita es ,
gratióſus váleat per-
venire ; Qui vivis &
regnas cum Deo Pa-
tre , in unitáte Spíri-
tûs Sancti Deus , per
ómnia ſécula ſeculó-
rum.

Amen.

les ſiécles des

AU SALUT.

Pendant l'Expoſition du Saint Sacrement.

O Victime ſalutaire ,
qui nous ouvrez les
portes du Sanctuaire éternel , nous ſommes atta-
qués de toutes parts par
des ennemis puiſſans :
donnez-nous la force de
les vaincre , & venez
vous - même à notre ſe-
cours.

℞. Dieu , ſelon ſa pro-
meſſe , a fait naître de la
race de David le Sei-
gneur Jeſus , * Pour être
le Sauveur d'Iſraël. ℣. Le
Seigneur a fait à David
un ſerment véritable : J'é-
tablirai ſur votre thrône

O Salutáris hó-
ſtia ,
Quæ cœli pandis hó-
ſtium ,
Bella premunt hoſtí-
lia ,
Da robur , fer auxí-
lium.

℞. Deus ex ſémi-
ne David , * ſecun-
dùm promiſſiónem e-
duxit Iſrael Salvató-
rem Jeſum. ℣. Jurá-
vit Dóminus David
veritátem : De fructu
ventris tui ponam ſu-

per sedem tuam. * Secundùm. Glória Patri. * Secundùm promissiónem.

un Fils qui naîtra de vous, * Pour être le Sauveur d'Israël. Gloire au Pere. ℟. Dieu, selon sa promesse.

H Y M N E.

Davidis, Sóboles glória
Vírginum,
Christi Virgo parens,
  te pósuit Deus,
Partu virgineo quæ
  malè súbdoli
Anguis contéreres caput.

Vierge, Mere du Sauveur, qui, sortie de la race de David, êtes l'honneur & la gloire des Vierges; le Très-Haut vous a destinée pour écraser la tête du Serpent séducteur, en mettant au monde le Verbe incarné, sans cesser d'être Vierge.

Rebus princípium
  qui dedit ómnibus
A te princípium sum-
  sit homo Deus;
Cunctis prospíciens
  qui tríbuit cibos,
Pastus lacte fuit tuo.

L'Homme-Dieu, qui donne l'être à toutes les créatures, a pris naissance dans votre sein : & celui dont la Providence donne à tous la nourriture, a voulu se nourrir de votre lait.

Per te quod múlier
  perdíderat vetus,
Humáno géneri réd-
  ditur ánctius :
Tu clausas míseris,
  heu nímium diù !
Cœlórum réseras fo-
res.

C'est par vous que les avantages que nous avions perdus par le péché de notre première mere, nous sont rendus avec usure : vous nous ouvrez par votre Fils, les portes du Ciel, qui nous étoient fermées depuis si long-temps.

Qui lucis Pater est,
  glória sit Patri :

Gloire éternelle au Pere, source de toute lumière :

gloire au Fils, qui êtes né pour nous d'une Vierge : gloire vous soit rendue, Esprit Saint, l'amour & le lien du Pere & du Fils, qui rendez féconde cette Vierge bienheureuse.

Amen.

℣. Dieu a opéré l'ouvrage de notre Salut au milieu de la terre :

℟. Vous avez écrasé la tête du dragon.

Cujus Virgo parens, glória Fílio :
Quo fœcunda, tibi nexus amábilis,
Sit par glória, Spíritûs.

Amen.

℣. Deus operátus est salútem in médio terræ :

℟. Tu confregísti cápita dracónis. *Pf.* 73.

CANTIQUE DE LA STE VIERGE.
S. Luc. I.

MOn ame glorifie le Seigneur.

Et mon esprit est ravi de joie en Dieu mon Sauveur ;

Parce qu'il a regardé la bassesse de sa servante : & désormais je serai appellée bienheureuse dans la suite de tous les siécles.

Car il a fait en moi de grandes chofes, lui qui est le Tout-puissant, & dont le nom est saint.

Sa miséricorde se répand d'âge en âge sur ceux qui le craignent,

MAgníficat * ánima mea Dóminum.

Et exultávit spiritus meus * in Deo salutári meo.

Quia respexit humilitátem ancillæsuæ; * ecce enim ex hoc beátam me dicent omnes generatiónes.

Quia fecit mihi magna qui potens est, * & sanctum nomen ejus.

Et misericórdia ejus à progénie in progénies * timéntibus eum.

Fecit poténtiam in bráchio suo : * dispérsit superbos mente cordis sui.

Il a déployé la force de son bras : il a renversé les superbes, en dissipant leurs desseins.

Depósuit potentes de sede , * & exaltávit húmiles.

Il a fait descendre les grands de leur thrône , & il a élevé les petits.

Esuriéntes implévit bonis , * & divites dimísit inánes.

Il a rempli de biens ceux qui étoient affamés , & il a renvoyé vuides & pauvres ceux qui étoient riches.

Suscépit Israel púerum suum , * recordátus misericórdiæ suæ.

Il a pris en sa protection Israël son serviteur , se souvenant de sa bonté.

Sicut locútus est ad patres nostros , * Abraham & sémini ejus in sécula.

Qu'il a eue pour Abraham & pour sa race à jamais , selon les promesses qu'il a faites à nos peres.

Glória Patri , & Filio , * & Spirítui Sancto.

Gloire au Pere , & au Fils , & au Saint-Esprit :

Sicut erat in princípio , & nunc & semper , * & in sécula seculórum. Amen.

A présent & toujours , comme dès le commencement , & dans tous les siécles. Amen.

Ant. Benedíctus Dóminus , qui te diréxit in vúlnera cápitis príncipis inimicórum nostrórum.

Ant. Béni soit le Seigneur , qui a conduit votre main pour écraser la tête du chef de nos ennemis. *Judith.* 13.

Prions.

DAignez, Seigneur, accorder à vos serviteurs la santé de l'ame & du corps ; & faites par l'intercession de la bienheureuse Marie toujours Vierge, que nous soyons délivrés des maux de la vie présente, & que nous jouissions dans le Ciel de la félicité éternelle : Nous vous en prions par notre Seigneur Jesus-Christ votre Fils, qui étant Dieu vit & régne, &c.

Orémus.

COncéde nos fámulos tuos, quæsumus, Dómine Deus, perpétuâ mentis & córporis sanitáte gaudére ; & gloriósâ beátæ Mariæ semper Vírginis intercessióne, à præsenti liberári tristítiâ & æternâ pérfrui lætítiâ ; Per Dóminum nostrum Jesum Christum Fílium tuum, qui tecum vivit & regnat, &c.

Antienne de la Vierge.

NOus vous saluons, Reine du Ciel, qui avez mis au monde celui qui s'est fait pour nous une victime de propitiation, & en qui seul est notre vie, notre joie & notre espérance. Dans cet exil auquel nous sommes condamnés comme enfans d'une mere coupable, nous implorons votre intercession : nous vous présentons nos soupirs & nos gémissemens dans cette vallée de larmes. Soyez

SAlve, Regina, mater misericórdiæ, vita dulcédo, & spes nostra, salve : ad te clamámus, éxules filii Evæ : ad te suspirámus, gementes & flentes, in hâc lacrymárum valle. Eia ergo, advocáta nostra, illos tuos misericordes óculos ad nos converte : & Jesum benedíctum fructum ventris tui, nobis post hoc exí-

lium oftende, ô cle-
mens, ô pia, ô dul-
cis Virgo María.

Vierge pleine de
pour les hommes,
heur de voir Jefus-
votre fein.

℣. Vultum tuum
deprecabuntur,

℟. Omnes dívites
plebis.

notre avocate : attendrif-
fez-vous fur nos maux ;
& après l'exil de cette
vie, obtenez - nous, ô
douceur & de tendreffe
obtenez-nous le bon-
Chrift, ce fruit facré de

℣. Les plus riches d'en-
tre les peuples

℟. Vous addrefferont
leurs hommages.

Orémus.　　　　　Prions.

O Mnípotens, fé-
piterne Deus,
qui gloriófæ Vírgi-
nis matris Maríæ cor-
pus & ánimam, ut
dignum Fílii tui ha-
bitáculum éffici me-
rerétur, Spíritu San-
cto cooperante, præ-
parafti : da ut cujus
commemoratióne læ-
támur, ejus pia in-
terceffióne ab inftán-
tibus malis, & à mor-
te perpétua liberé-
mur.

D Ieu tout - puiffant
& éternel, qui par
la coopération du Saint-
Efprit, avez préparé le
corps & l'ame de la glo-
rieufe Vierge Marie,
pour en faire une demeu-
re digne de votre Fils :
accordez-nous la grace,
pendant que nous célé-
brons fa mémoire avec
joie, d'être délivrés par
fon interceffion des maux
préfens, & de la mort
éternelle.

Pour l'Eglife.

E Ccléfiæ tuæ,
quæfumus, Dó-
mine, preces placá-
tus admitte ; ut de-
ftructis adverfitátibus

L Aiffez-vous fléchir,
Seigneur, aux prié-
res de votre Eglife, &
faites - la triompher de
tous les maux qui l'affli-

gent , & de toutes les erreurs qui l'attaquent ; afin qu'elle vous serve dans une pleine & entiere liberté.

& erróribus univerfis , secúrâ tibi sérviat libertáte.

Pour Monseigneur l'Archevêque.

DOnnez , Seigneur , à votre serviteur *N.* que vous avez choisi pour être le Pasteur de votre troupeau , l'esprit de conseil & de force , l'esprit de science & de piété ; afin que le bon gouvernement du Pontife fasse croître de plus en plus la dévotion des fidéles , & que le salut du troupeau soit la joie & la couronne du Pasteur.

DA , quæsumus , Dómine , fámulo tuo *N.* quem pascendo gregi tuo præfecisti , spíritum consilii & fortitúdinis , spíritum sciéntiæ & pietátis : ut per dignum Pontíficis insitútum crescat devótio sancta fidélium ; & salus gregis , gáudium sit & coróna Pastóris.

Pour le Roi.

FAites , s'il vous plait, Dieu tout-puissant , que votre serviteur *N.* notre Roi, qui par votre miséricorde , a reçu la conduite de ce Royaume , reçoive aussi l'accroissement de toutes les vertus ; afin que revêtu de leur force , & saintement orné de leur éclat, il ait les vices en horreur comme autant de monstres ; qu'il soit victorieux

OUæsumus , omnipotens Deus, ut famulus tuus Rex noster *N.* qui tua miseratióne suscépit Regni gubernácula , virtútum étiam ómnium percípiat increménta ; quibus decenter ornátus , vitiórum monstra devitáre , hostes superáre , & ad te qui via , véritas & vita es , gratiósus válear perveníre ; Qui vivis & regnas Deus. ℟. Amen.

de ses ennemis, & qu'a-gréable à vos yeux par ses bonnes œuvres, il puisse enfin arriver jus-qu'à vous, qui êtes la voie, la vérité & la vie ; Vous qui étant Dieu, vivez & régnez. ℟. Amen.

PENDANT LA PROCESSION.

HYMNE.

SACRIS solémniis
Juncta sint gáudia,
Et ex præcórdiis
Sonent præcónia :
Recédant vétera,
Nova sint ómnia,
Corda, voces & ó-
pera.

NOCTIS recóli-
tur
Cœna novíssima,
Quâ Christus crédi-
tur
Agnum & ázyma
Dedísse frátribus,
Juxta legítima
Priscis indulta pátri-
bus.

POST Agnum ty-
picum
Explétis épulis
Corpus Domínicum
Datum Discípulis,
Sic totum ómnibus

CÉlébrons avec allé-gresse cette auguste Solemnité ; & que nos hommages partent du plus intime de nos cœurs ; que tout ce qui reste de l'ancien levain disparoîs-se ; & que tout soit nou-veau en nous, le cœur, le langage & les œuvres.

Nous rappellons le souvenir de la dernière Cène, où nous sçavons que Jesus-Christ mangea la Pâque avec ses Disci-ples, selon l'ordonnance qui en avoit été faite à leurs peres.

Après avoir mangé l'A-gneau figuratif, & ter-miné le souper légal, Je-sus-Christ donna de ses propres mains son corps à ses Disciples ; & nous faisons profession de croire qu'il se donna tout entier à tous & tout entier à chacun d'eux.

Quod totum singulis, Ejus fatémur mánibus.

Après cette strophe ou la suivante, on fait une Station à la Chapelle de la Vierge, où l'on chante ce qui suit :

Ant. Nous avons recours à votre protection, sainte Mere de Dieu, ne méprisez pas les priéres que nous vous adressons dans nos besoins, mais obtenez-nous la délivrance de tous les dangers auxquels nous sommes sans cesse exposés, ô Vierge comblée de gloire & de bénédiction.

Ant. Sub tuum præsidium confúgimus, sancta Dei Génitrix, nostras deprecatiónes ne despicias in necessitátibus, sed à perículis cunctis libera nos semper, Virgo gloriósa & benedicta.

℣. Priez pour nous, sainte Mere de Dieu,

℣. Ora pro nobis, sancta Dei Génitrix,

℞. Afin que nous devenions dignes des promesses de Jesus-Christ.

℞. Ut digni efficiamur promissiónibus Christi.

Prions.

Orémus.

SEigneur, accordez la paix & la tranquillité à vos serviteurs, & délivrez de tout ennemi & de tout danger, ceux qui ont confiance en l'intercession de la sainte Vier-

PRótege, Dómine, famulos tuos subsidiis pacis ; & beátæ Maríæ semper Vírginis patrociniis confidentes, à cunctis hóstibus & perí

culis redde secúros ;
Per Christum Dómi-
num nostrum.
℞. Amen.

ge ; Nous vous en sup-
plions par notre Seigneur
Jesus-Christ.
℞. Amen.

Après la Station , on continue la Procession
en chantant ,

DEDIT fragílibus
Córporis férculum :
Dedit & trístibus
Sánguinis póculum,
Dicens : Accípite
Quod trado vásculum
Omnes ex eo bíbite.

Il donne à ses Disci-
ples , encore foibles , sa
chair divine pour les for-
tifier : il présente à ses
amis affligés , une coupe
délicieuse , qui contient
son sang adorable ; & il
leur dit : Prenez ce calice
& bûvez-en tous.

SIC sacrifícium
Istud instituit ,
Cujus officium
Committi vóluit.
Solis Presbyteris ,
Quibus sic cóngruit
Ut sumant & dent
cæteris.

Il établit ainsi le sacrifice adorable de la nou-
velle alliance , dont il
voulut que les Prêtres
seuls fussent les Mini-
stres ; ordonnant qu'ils le
distribuassent aux Fidéles
après s'en être nourris
eux-mêmes.

PANIS Angélicus
Fit panis hóminum :
Dat panis cœlicus
Figúris términum.
O res mirábilis !
Mandúcat Dóminum
Pauper , servus & hú-
milis.

Le Pain des Anges de-
vient le pain de l'hom-
me : ce Pain céleste fait
disparoître les figures qui
l'avoient annoncé. O pro-
dige inouï ! un pauvre ,
un vil esclave est admis
à se nourrir de son Créa-
teur.

TE , trina Déitas

O Dieu unique en trois

Personnes , daignez vifiter ceux qui vous adorent : faites - nous marcher dans les fentiers qui conduifent à vous ; afin de jouir pendant toute l'éternité , de cette lumiére que vous habitez.

Amen.

Utraque, pófcimus ;
Sic nos tu vífita
Sicut te cólimus :
Per tuas fémitas
Duc nos quò téndimus ,
Ad lucem quam inhábitas.

Amen.

LES LITANIES

DE LA SAINTE VIERGE.

SEigneur , ayez pitié de nous.

Jefus , ayez pitié de nous.

Seigneur , ayez pitié de nous.

Jefus , écoutez-nous.

Jefus , exaucez-nous.

Pere célefte , qui êtes Dieu , ayez pitié de nous.

Fils, Rédempteur du monde , qui êtes Dieu, ayez pitié de nous.

Efprit - Saint , qui êtes Dieu , ayez pitié de nous.

Trinité fainte , qui êtes un feul Dieu , ayez pitié de nous.

Sainte Marie , priez pour nous.

Sainte Mere de Dieu ,

KYrie , eléifon.

Chrifte , eléifon.

Kyrie , eléifon.

Chrifte , audi nos.

Chrifte , exaudi nos.

Pater de cœlis, Deus, miferére nobis.

Fili Redemptor mundi , Deus, miferére nobis.

Spiritus fancte, Deus, miferére nobis.

Sancta Trínitas, unus Deus, miferére nobis.

Sancta María , Ora pro nobis.

Sancta Dei Génitrix.

Sancta Virgo Vírginum,		Sainte Vierge des Vierges,
Mater Christi,		Mere de Jesus-Christ,
Mater divínæ grátiæ,		Mere de l'Auteur de la grace,
Mater puríssima,		Mere très-pure,
Mater castíssima,		Mere très-chaste,
Mater invioláta,		Mere toujours Vierge,
Mater intemeráta,	*Ora pro nobis.*	Mere sans tache,
Mater amábilis,		Mere aimable,
Mater admirábilis,		Mere admirable,
Mater Creatóris,		Mere du Créateur,
Mater Salvatóris,		Mere du Sauveur,
Virgo prudentíssima,		Vierge très-prudente,

Priez pour nous.

Virgo veneranda,		Vierge vénérable,
Virgo prædicanda,		Vierge digne de louange,
Virgo potens,		Vierge puissante auprès de Dieu,
Virgo clemens,		Vierge pleine de bonté,
Virgo fidélis,		Vierge fidelle,
Spéculum justítiæ,		Miroir de justice,
Sedes sapiéntiæ,	*Ora pro nobis.*	Temple de la divine Sagesse,
Causa nostræ lætítiæ,		Mere de celui qui fait toute notre joie,
Vas spirituále,		Demeure du Saint-Esprit,
Vas insigne devotiónis,		Modéle de piété,
Vas honorábile,		Vaisseau d'élection,
Rosa mystica,		Rose mystérieuse,
Turris Davídica,		Gloire de la Maison de David,

Priez pour nous.

Modéle de pureté,	Turris ebúrnea,
Sanctuaire de la charité,	Domus aurea,
Arche d'alliance,	Fœderis arca,
Porte du ciel,	Jánua cœli,
Etoile du matin,	Stella matutína,
Ressource des infirmes,	Salus infirmórum,
Refuge des pécheurs,	Refúgium peccatórum,
Consolation des affligés,	Consolátrix afflictórum,
Secours des Chrétiens,	Auxilium Christianórum,

(colonne de gauche : Priez pour nous. *colonne de droite :* Ora pro nobis.*)*

Reine des Anges, priez pour nous. Regína Angelórum, ora pro nobis.

Reine des Patriarches, priez pour nous. Regína Patriarchárum, ora pro nobis.

Reine des Prophêtes, priez pour nous. Regína Prophetárû, ora pro nobis.

Reine des Apôtres, priez pour nous. Regína Apostolórum, ora pro nobis.

Reine des Martyrs, priez pour nous. Regína Mártyrum, ora pro nobis.

Reine des Confesseurs, priez pour nous. Regína Confessórum, ora pro nobis.

Reine des Vierges, priez pour nous. Regína Vírginum, ora pro nobis.

Reine de tous les Saints, priez pour nous. Regína Sanctórû ómnium ora pro nobis.

Agneau de Dieu, qui effacez les péchés du monde, pardonnez-nous, Seigneur. Agnus Dei, qui tollis peccáta mundi, parce nobis, Dómine.

Agneau de Dieu, qui effacez les péchés du monde, exaucez-nous, Seigneur. Agnus Dei, qui tollis peccáta mundi, exaudi nos, Dómine.

Agnus Dei, qui tollis peccáta mundi, miserére nobis.

Christe, audi nos.

Christe, exaudi nos.

℣. Vultum tuum deprecabuntur

℞. Omnes dívites plebis. *Pf.* 44.

Agneau de Dieu, qui effacez les péchés du monde, ayez pitié de nous.

Jesus, écoutez-nous.

Jesus, exaucez-nous.

℣. Les plus riches d'entre les peuples

℞. Vous adresseront leurs hommages.

ORAISON.

DEus, qui salútis ætérnæ, beátæ Maríæ virginitáte fœcundà, humáno géneri præmia præstitísti : tríbue, quæsumus, ut ipsam pro nobis, intercédere sentiámus, per quam merúimus auctórem vitæ suscípere Dóminum Jesum Christum Fílium tuum ; Qui tecum vivit & regnàt in unitáte Spíritûs sanéti Deus, per ómnia sécula seculórum.

℞. Amen.

O Dieu, qui en rendant féconde la virginité de la bienheureuse Vierge Marie, avez assuré au genre humain les récompenses du salut éternel : nous vous prions de nous faire éprouver dans nos besoins combien est puissante auprès de vous l'intercession de celle par laquelle nous avons reçu l'auteur de la vie notre Seigneur J C. votre Fils; Qui étant Dieu vit & régne avec vous en l'unité du Saint-Esprit, dans tous les siécles des siécles.

℞. Amen.

FIN.

préparation a la mort avant de
se coucher. faites les actes que
l'ong fait aux mourants. et puis
Communiez Spirituellement. vous vous
addeministrez a vous même une
Espesce d'extrèmmonction de
cette manière s'appliquant les
plaies du Crucifié Sur vos yeux
Dites, divin jesus. pardonnez
moi tous les peches que j'ai Commis
par la veü baisent les Cinqs
plaies. Divin jesus pardonez
moi tous les peches que j'ai Comm̃i
par la glangue. par l'ouie. et
l'atouchement. en fin dite
en mettant le cristè Sur votre
Cœur. Divin jesus. pardonnez
à mon Cœur, toutes les ingratitud
C'est un Cœur Contrit et humilié
qui vous aime San reserve. des
des Ce moment et qui ne veut que
vivurrer que pour vous.

Recommandation de l'âme.
Sort mon âme. Sort mon amie. de ce corps de péché
Vas paraître de vant ton juge, pour être jugé. —
Selong tes hoeuvres: et te voila entre le paradis.
et l'enfer. he las que vas tu de venir..... Mon dieu
mon pere ayez pitiés de moi. reine du Ciel venez
a mon Secours. mes Sts va Sti. piere. Ste maria madlene
mon ange gardien. aidez moi dans les derniez moman
Seigneur je remest mon Esprit entre vos mains. .....
jesus. marie. joseph ayez pitiés de moi. trois fois
in manus. ainsi soit til.

www.ingramcontent.com/pod-product-compliance
Lightning Source LLC
LaVergne TN
LVHW010211070726
842528LV00014B/1002